Alfredo Chavero

Los amores de Alarcón

Barcelona 2024
Linkgua-ediciones.com

Créditos

Título original: Los amores de Alarcón.

Sumario

Brevísima presentación

La vida

Alfredo Chavero (Ciudad de México, 1 de febrero de 1841-24 de octubre de 1906).
Abogado, poeta, dramaturgo, historiador, arqueólogo y político. Fue miembro de la Academia Mexicana de la Lengua.

Los amores de Alarcón es la mejor de las obras dramáticas de Chavero. Su punto culminante es la representación de *La verdad sospechosa* de Juan Ruiz de Alarcón en Madrid. Antes de llegar a ese momento, el heroico indiano afronta múltiples pruebas, entre intrigas y befas de quienes lo envidian, y el amor incondicional de la comedianta Jerónima de Burgos.
Entre los personajes de esta obra destacan el conde de Villamediana, Francisco de Quevedo y Luis Vélez de Guevara.

Dedicatoria

México, junio 1 de 1879

Al señor don Luis Fernández-Guerra y Orbe, de la Academia Española

A usted, muy estimado amigo, que, tras largas veladas y fructuosos estudios nos ha presentado redivivo a nuestro ilustre dramático; a usted que ha llevado su benevolencia para conmigo, hasta llamar a mi humilde pluma adiestrada y maravillosa; a usted que es hoy el modelo del habla castiza y de la galanura del lenguaje: dedico el presente trabajo, inspirado en la más castigada de sus obras, de la que en varias ocasiones aun las mismas palabras he tomado. Bizarría ha sido en usted aceptar mi dedicatoria: gratitud en mi el ofrecerla.

Permítame usted con este motivo, que le repita las seguridades de, mi sincera amistad.

Alfredo Chavero

Personajes

Don Juan Ruiz de Alarcón
Mira de Amescua
Jerónima de Burgos, comedianta
Vélez de Guevara
Juan Morales, autor de título
Salas Barbedillo
Jusepa Vaga, su mujer, comedianta
Andrés de Claramonte
El conde de Villamediana
Un criado del corral
El doctor Suárez de Figueroa
Comediantes, corchetes
Quevedo
Y comparsas
Montalbán

Acto I

La escena pasa en la villa de Madrid, en el corral del Príncipe, el año de 1619.

Tablado del corral. Decoraciones y utensilios en desorden. Sillas de madera blanca. Mesa de ídem, con carpeta de balleta y útiles ordinarios de escritorio.

Escena I

(Juan Morales, escribiendo. Después Villamediana.)

Morales   (Suspendiendo su Escritura.) Ufanaos con las glorias del labrador Isidro, piadosos madrileños. Cuéntanme que centenares de poetas discurren en su celebridad versos famosos; que se afanan los polvoristas en arreglar ruedas y cohetes: y que se prepara procesión de pendones, cruces, cofradías, clero, alcaldes, regidores y alguaciles de cuarenta y siete villas y lugares, con ciento cincuenta y seis estandartes, danzas, y, muchos ministriles, trompetas y chirimías. Bien hizo la santidad de Paulo V con decretar la beatificación. Con razón los plateros terminan a toda priesa el arca suntuosa en que han de depositarse las reliquias del santo, y que, sin poner en cuenta la mano de obra, cuesta ya dieciséis mil ducados. Buena pro hayan; que yo habré la mía, si la famosa comedia que preparo para el día de la fiesta, agrada tanto a los piadosos como a los mosqueteros y a los señores, más que por sus espadas, de temerse por sus pitos y llaves con que silbos hunden cualquier comedia. No así con la que entre manos traigo; que dícenme que será protegida por la hueste mujeril; y ante hueste tal, pitos y llaves cállanse, y solo suenan corazones con palpitar violento.

Villamediana	(Entrando.) Guárdete el cielo, Juan Medrado.
Morales	Déjese de burlas el señor conde, que bien sabe que me llamo Juan Morales Medrano; que de medrados ya no es tiempo, ni los hay ya por la villa.
Villamediana	Zumbón estás, Juan. Mas dime, ¿cuándo llegaste?, ¿cuánto tiempo estarás aquí?, ¿qué piensas hacer, y...?
Morales	Y qué comediantas tengo, ¿no es verdad?
Villamediana	Pues bien, sí: quiero saberlo.
Morales	Voy a satisfaceros el gusto. No sé si vuestros viajes os han hecho ignorar u olvidar la Real Cédula sobre Compañías de Recitantes y la Reformación de Comedias mandada hacer por el concejo. En letras de molde pueden leerse en una tabla a la entrada del corral. En su virtud, soy autor, de título por dos años, y tengo la mejor compañía de faranduleros; todos traen consigo sus mujeres, y visten con decencia a placer del señor consejero comisario.
Villamediana	Según eso, estará contigo tu mujer, la gallarda Jusepa Vaca.
Morales	Sí, señor conde.
Villamediana	Alégrome de ello.
Morales	Señor conde...
Villamediana	¿Sigues siendo celoso?

12

Morales	Señor, mi mujer es honrada.
Villamediana	Sé que es calumnia lo que de ella dijeron; de si tuvo o no tuvo amoríos con el conde de Peñafiel.
Morales	Calumnia infame.
Villamediana	Murmuran, sin embargo, que de noche andas como alma en pena, con la tajante desnuda en la diestra, y una vela en la siniestra mano, recorriendo sótanos y desvanes, o en figura gatesca por cuevas y tejados, en busca de amantes imaginarios. Verdad es que yo he defendido a tu esposa. ¿No has leído el soneto que al efecto hice?
Morales	No, señor; pero pudiera vuesa merced dejar a los cómicos en paz.
Villamediana	Escúchalo. Tú le hablas a Jusepa.

Oiga, Jusepa, y mire que ya pisa

Esta corte del rey: cordura tenga;
mire que el vulgo en murmurar se venga,
y el tiempo siempre sin hablar avisa.

Aquí le sacas y muestras un Cristo, y prosigues:

Por esta santa y celestial divisa,
que de hablar con los príncipes se abstenga;
Y aunque uno y otro duque a verla venga,
su marido no más, su honor, y misa.

Dijo Morales, y rezó su poco,
mas la Jusepa le responde airada:
«¡Oh, lleve el diablo tanto guarda el coco!

¡Mal haya yo, si fuere más honrada!»
Pero como ella es simple y él es loco,
miro al soslayo, fuese, y no hubo nada.

¿Qué te parece mi soneto? Ya ves que te defiendo.

Morales   En cuanto al soneto, paréceme muy bueno; pero en
               cuanto a la defensa, gracia muy señalada me haría si
               no me defendiese.

Villamediana   (Con burla.) Eres un ingrato.

Morales   No extrañe su señoría el que me sorprenda de su visita
               intempestiva.

Villamediana   No te espantes, que tu mujer no es de mi gusto: pues
               aunque su conmovedora voz y su modo incomparable
               de sentir y expresar, unido al juego de sus ojos Y a la
               gallardía de su talle, roban los corazones más duros, yo
               tengo para mí que no va descaminado el Fénix de los
               Ingenios al extrañar que haya quien por tu Jusepa se
               despepite y quien la apetezca. Vaca que viene de dos
               crías, más amarilla que la cera.

Morales   Es, señor conde, que en el marido hay dos temores:
               el uno, que amen a su mujer por sus merecimientos;
               el otro, que si no los tiene, y tras de su fealdad está
               cuando no la amen, ella sea la que la una cosa como la
               otra, dan el mismo resultado.

Villamediana	Pero vamos a lo que me trae por tu farándula. ¿Cuánto tiempo estarás por la villa, y desde cuándo comienzas tus tareas?
Morales	Trabajaré, como es de costumbre, todas las tardes, desde las cuatro, y el tiempo de dos meses, que mayor temporada no se permite a una compañía de farsantes. Ya están todos completos, pues aunque me hacía falta una dama, pedí que me embarcaran a la Jerónima que en Toledo se encontraba, y el alguacil arrancó allá a traérmela, que primero son las compañías reales y de título que los faranduleros de la legua. ¡Y qué envidioso se pondrá Pinedo, el autor del Corral de la Cruz, al saber que yo tengo a la famosa comedianta!
Villamediana	Dicen que es ingeniosa.
Morales	Es la mejor farsanta.
Villamediana	Agregan que es bella.
Morales	Y frágil.
Villamediana	Murmurador eres.
Morales	Preguntadlo al señor Lope de Vega, que para ella escribió La dama boba, por hallarla fresca, sana, juguetoncica y alegre, y saberle de perlas su malicia y hermoso rostro. Él os contará lo que pasó en Segovia a 23 de septiembre del año 13, cuando le aposentó en su casa. No me hubiera gozado en aderezar mi compañía con mujer tan deshonesta, si el poeta no lo hubiese exigido para su obra.

15

Villamediana	¿Tienes muchas comedias?
Morales	Muchas me traen, que en cestos pudieran tirarse. No hay barbilampiño que machuque algunos versos, que no quiera ser poeta dramático. Hoy despaché con cajas destempladas a un mozalbete que se firma don Pedro Calderón Riaño, y a quien otros dicen De la Barca, que me leyó un papasal llamado La vida es sueño. Aconsejéle que lo corrigiese y retocase, y corrido se fue, ofreciendo no darlo a las tablas hasta haber empleado muchos años en componerlo. Ya tiene con su comedia para mucho tiempo: acaso para una eternidad.
Villamediana	Tal vez digas la verdad sin saberlo, y esa Vida es sueño sea eterna en la inmortalidad.
Morales	¡Pues buenos son la brega y trasiego en que nos traen los poetas! Pero yo va tengo mi comedia. Es de un indiano, a quien no pago más que los seiscientos reales de la tasa, y que infundirme no puede celos, porque es corcovado.
Villamediana	¿Acaso don Juan Ruiz de Alarcón y Mendoza?
Morales	El mismo.
Villamediana	¿Y su comedia se llama?
Morales	La verdad sospechosa.

Escena II

(Dichos y Jusepa, que entra por el bastidor, foro izquierda.)

Jusepa	¿Está por Madrid el señor conde? Habíase dicho que desterrado se hallaba de orden real.
Morales	Bachillera, habladora y preguntona estás.
Villamediana	No tanto, Juan; que algo de eso me trae a tu tablado. Pero temo los agravios de Jusepa. Tengo sobre mí el pecado de cierto soneto...
Jusepa	Propio es de maldicientes hacer burla hasta de las veras. No seré yo quien rencor guarde al poeta, ni pida su castigo; que bastante lo tiene en vivir maldiciendo; alacrán que acabará por picarse con su propia ponzoña, y morirá abandonado, porque todos de esa misma ponzoña huirán medrosos.
Villamediana	Cruel eres.
Jusepa	Nunca es crueldad el perdón.
Villamediana	Lección me das de nobleza, pues siempre lecciones tales dan a los hombres las damas.
Jusepa	Con vuestra venia...
Villamediana	Espera. Por bizarrear en la corte más de lo que gusta al monarca, hállome en desgracia. Pero a la nueva de que su majestad cayó enfermo de vuelta de Lisboa, y se encuentra en Casarrabios, apresuréme a venir de ocultas a Madrid. Cercan al rey el cardenal Zapata, los duques de Uceda, Infantado, Sessa y Pastrana, el almirante de Castilla y otros muchos nobles y títulos.

Falta el conde de Villamediana, que no está en favor; pero vengo a esperar que alzado el nuevo rey, me lo devuelva. Verán entonces mis enemigos, si, como siempre, gallardeo y triunfo con damas bellas y con políticos entecados. Juan, vas a darme hospitalidad.

Morales   Yo...

Villamediana   Me la negará el miedo del hombre; no el corazón de la mujer.

Jusepa   Sois nuestro huésped, señor conde.

Villamediana   Es preciso que nadie me conozca. Me pondré un disfraz. Daré al traste con mi bigote y con mi pera. En mis narices montaré unas gafas verdes. Armaré sobre mi cabeza tondada un peluquín alazán. Y a semejanza del poeta de este corral, me adobaré dos soberbias gibas. Hecho así un jorobeta o un don Corcova, seré el apuntador. Fingiré para más propiedad la voz gangosa, que costumbre es en los apuntadores, y muy antiguo privilegio, el que sean los primeros en estropear los versos de las comedias, teniendo el singularísimo ingenio de no hacerse entender de los comediantes, que a los palmos tienen, y en cambio dejarse oír claramente por todos los ámbitos del corral. Ya veis que conozco mi oficio. Lo desempeñaré a maravillas.

Morales   Pero eso es una locura...

Villamediana   Pudiera en ello irme la cabeza...

Morales   Y a mí el verme zarandeado en la picota...

Jusepa	Os pondremos tan disfrazado que hagáis reír con solo que os miren al rostro. Me debéis una venganza por el soneto.
Morales	¡Mujer!
Jusepa	¡Está dicho!
Morales	Pero un gran señor convertido en un hazmerreír, en un bufón...
Villamediana	No creas, buen Morales, que es el cambio tan grande. Murmúrase más en la corte que en el teatro, sin que haya allí el gracejo que aquí, gracejo que es oro de subidos quilates. Aquí la sátira muestra alegría, y mueve el corazón a chanzas y burlas, y los labios a risas. Allá es el satirizar, va no desabrimiento y desacato, sino veneno que se infiltra en el ser calumniado, y que poco a poco le mata la vida, o la honra que en mucho más que la vida vale.
Morales	Anda por ahí cierto alegre librejo de un manco Cervantes, con más donaires y flores de ingenio, que las que de atavío sirven al jardín del regidor Juan Fernández.
Villamediana	¿Has oído mi copla? ¡Buena está la torrecilla! ¡Tres mil ducados costó! Si Juan Fernández lo hurtó, ¿qué culpa tiene la villa?
Jusepa	Hablamos de maldicientes, y maldecís siempre, señor conde.

Villamediana	Cúrame con las palabras del de Lepanto.
Morales	Dice: «Los satíricos, los maldicientes, los malintencionados, son desterrados y echados de sus casas, sin honra y con vituperio, sin que les quede otra alabanza que llamarse agudos sobre bellacos, y bellacos sobre agudos».
Villamediana	Gracias, Juan, por la parte que tocarme pudiera.
Morales	Dádselas a Miguel de Cervantes, señor conde.
Villamediana	Pues siguiendo el discurso de mis ideas, digo que nada se parece tanto al palacio de los reyes, como un corral de comedias. Es el autor de título el monarca, que tiene que arreglar todo a sabor del pueblo o público, y nada arregla. Atribúlanle con sus pretensiones mil poetas, que quieren que su comedia sea la preferida, y no sabe el autor cómo escoger un ministro, quiero decir, un poeta. El pueblo o público paga para que mal le gobiernen o malos entremeses le regalen. Bien es verdad que a veces desahoga sus iras con silbos y naranjazos. Luchan los faranduleros entre sí por emulación y amor al arte, y los palaciegos por bajeza y por acaparar rentas. Comedianta sé que odia a otra, porque le ha quitado un papel en que se prometía recoger copiosa cosecha de aplausos y vítores, mientras que un cortesano aborrece al que le ha arrebatado el altísimo puesto de ministro, porque le privó del placer de cometer en él villanías sin cuento. Ves que son iguales el palacio y el tablado. Tablado de infamias, el palacio. Palacio de glorias, el tablado.

	Déjame, pues, en él. Sea yo feliz con ser por breves días cortesano o bufón en el templo de tu gloria.
Jusepa	Vamos.
Morales	No: yo disfrazaré al señor conde. Esperame aquí.
Villamediana	(Yéndose.) Celoso insoportable eres, Juan Morales.
Morales	(Yéndose.) No dejo que la reina con el cortesano se confunda.
Villamediana	Chistoso estás.
Morales	El apuntador desde su concha solamente puede hablar a la farsanta. Son reglas del corral.

(Se van.)

Escena III

Jusepa, después Figueroa.

Jusepa	Interésame este conde tan mal decidor. Ya tendría que temer el señor Juan Morales Medrano, mi marido, si mi corazón, caprichoso como de mujer, no estuviese arrobado con el poeta más contrahecho que en tablados ha pisado. Yo hubiera preferido el papel de doña Jacinta al de doña Lucrecia; pero por ahora de boga está la Jerónima. Llévese ella el papel, si yo logro los amores del poeta.
Figueroa	(Entrando.) Pensativa estás, Jusepa.

Jusepa	Salve, satélite del Monstruo de la Naturaleza.
Figueroa	Llaman así a mi maestro el señor Lope de Vega Carpio, porque ha escrito muchas comedias. Lleva, es verdad, hechas más de ochocientas, y piensa doblar si con la vida cuenta.
Jusepa	Llámanle así, por ser muchas y buenas.
Figueroa	No piensa tal tu marido.
Jusepa	Loco estuviera, y diría que el señor Lope es el Fénix de los Ingenios.
Figueroa	Me cuentan que prefiere una del corcovado.
Jusepa	En el plazo de veinte días, que es el señalado por los reglamentos, se pondrá en escena; y pudiera ser que antes, según la priesa que se dan para las fiestas.
Figueroa	Le dolerá a don Lope no ser el poeta en tales festividades, que pues son en honor de un santo, más cuadraba su hábito para ellas que las indianas corcovas, si bien no hay feria ni procesión sin figurones.
Jusepa	No tienen corcovas las comedias de don Juan.
Figueroa	Bellas son, Jusepa; y yo las admiro y siento envidia. No lo creerás. Lope mismo, el más celebrado, el más mimado de los poetas, deja que sus gozquecillos, capitaneados por Montalbán y por mí, muerdan a cualquiera que se levanta. Pero hoy, apenas osan

ladrar al jorobeta, desde que los vapuló de lo lindo en Las paredes oyen.

Jusepa   ¡Qué hermosa comedia!

Figueroa   Hermosa es en extremo; pero con ella arrebató a mi maestro la gloria de su Premio del bien hablar.

Jusepa   ¿Y por eso ya busca el del mal decir?

Figueroa   No, Jusepa. Su envidia no es rastrera, que es emulación. Envidia una comedia, y de ella se venga, haciendo otra mejor. Pero tanto bueno le han dicho de La verdad sospechosa, que teme no poder superarla. Es necesario que desconocida permanezca. Si es preciso, ocurriré a nuestro aliado el inquisidor Aliaga.

Jusepa   Perderíais a don Juan...

Figueroa   Después con versos de oro Lope levantaría su gloria. Son las comedias de éste, agradable pasatiempo; son las del giboso profunda verdad de todos los tiempos y de todas las naciones. Si va me finjo celoso que proclaman a La verdad sospechosa como la primera obra del teatro español. Figúrome ya que los ingenios franceses a su habla la trasladan y la imitan, fundando nueva escuela inmortal. Derrama Lope en sus comedias raudales de astros que deslumbran y suspensos dejan los sentidos: y Alarcón, sin poner en ello mientes, vierte en las suyas la moral y la virtud unidas. Tienen las de mi maestro algo de la pasmosa sublimidad del firmamento. Tienen las suyas mucho de la tierna dulzura de la luz que se esparce y enciende ese mismo firmamento. Las del Monstruo de la Naturaleza

brillan y se ostentan como la creación: las del mons-
truo de las corcovas se sienten y se ocultan como el
Creador. Lope le envidia. Yo le odio. Es necesario que
La verdad sospechosa no se conozca.

Jusepa   De conocerse ha, y será inmortal.

Figueroa   Entusiasmada estás con don Talegas. No vayas a caer
en amarle por feo.

Jusepa   (Yéndose.) Seguro es que no caeré en amaros por
necio y deslenguado.

Escena IV

(Figueroa, después Villamediana ya disfrazado.)

Figueroa   No hay que contar con la tropa del corral. Descúbrese
de a legua que la cómica ama al corcovado. Le bus-
caré a él mismo; le espantaré con amenazas. No le
conozco de rostro, aunque de ingenio demasiado;
pero trazas me daré de verle, y tales, que hoy mismo
dejemos arreglado este negocio. (Hace movimiento de
irse.)

Villamediana   (Entrando.) Guarde el cielo al doctor por Salamanca,
don Cristóbal Suárez de Figueroa.

Figueroa (Aparte.)   Me conocía. (Alto.) Gloria sin par a don Juan Ruiz de
Alarcón y Mendoza.

Villamediana (Aparte.)   Por el dramático me toma. Sigámosle la chanza.

Figueroa   Grave empeño con vos tengo.

Villamediana	Ved si desempeñaros me es posible.
Figueroa	Ceded el puesto de las fiestas al señor don Lope de Vega Carpio.
Villamediana	Ceder es.

(En toda esta escena debe marcarse mucho el carácter zumbón del Conde.)

Figueroa	Hermánanse más bien con ellas, versos que produce un poeta que viste hábito santo.
Villamediana	¿Quién, Lo-pillo?
Figueroa	No cuadra bien en vos, apodarle con la frase inventada por el de Villamediana. ese galancete de capa y espada que abofetea honras con la lengua, y con coplas despiadadas, apurando el seso, ofende con impertinencias el blanco rostro del papel.
Villamediana	No me tracéis la figura ele maldiciente tal. Pues os digo que peor que él, solo he conocido a vos por las palabras, y a Lope por las obras. Recordad la espinela de Góngora, en que, como en estampa, se ve a Lo-pillo:

Cuando fue representante,
primeras damos hacía;
pasóse a la poesía
por mejorar lo bergante.
Fue paje, poco estudiante.
Sempiterno amancebado,

casó con carne y pescado:
fue familiar y fiscal,
y fue viudo de a-rrabal:
y sin orden, ordenado.

Figueroa	Insolente estáis; y quedad advertido de que si en ceder no consentís, os pondrá a buen recaudo el inquisidor y confesor real fray Luis de Aliaga. Pues contento está de cómo le habéis puesto de peras en La crueldad por el honor. Para sí ha tomado al embaidor Nuño de Aulaga, que Aulaga y Aliaga son la misma espinosa planta; y aquello de

Líbreme Dios

de un ruin puesto en oficio.

Villamediana	Tomó también para sí el Sancho de don Quijote.
Figueroa	Y Cervantes murió miserable.

Escena V

(Dichos y Alarcón, que ha oído las últimas frases.)

Alarcón	Algún día la historia tildará de infame la alianza de Aliaga y de Lope.
Figueroa	¡Otro corcovado! ¿Quién sois?
Alarcón	El licenciado don Juan Ruiz de Alarcón y Mendoza.
Figueroa	¿Y vos?

Villamediana	Dícenme, no sé si por mote, Alcorcón, y soy apuntador, y si falta hace, gracioso de la tropa de Morales. Y pues vuesamercedes traen negocio pendiente, y a mí nada de ello se me importa, voyme a reposar los miembros, y no digo a estirarlos, porque los del señor poeta y los míos, de por sí están encogidos y como arrebujados en nuestras corcovas.

(Se va.)

Escena VI

Alarcón, Figueroa.

Figueroa	Dispénseme el señor poeta el error, y si le tomé por el hombre del peluquín y de las gafas. Bien sabía que usarced era un licenciado, que en el hábito de su profesión presume de atildado y limpio, vistiendo bien cortada sotanilla, capa de gorgorán, de Nápoles, siempre lustroso, crujidor y casi por estrenar, sin ser menos lucido en el restante ornato de zapato, medias y ligas, cuello, sombrero y guantes.
Alarcón	Agregad, según vosotros los partidarios de Burguillos, y para completar mi retrato: un advenedizo que tiene osadía para pretender graves oficios, y se imagina con dicha para alcanzarlos, y ánimo para ejercerlos y gobernar el mundo; en fin, un contrahecho, descolorido y flaco, de frente ancha y despejada, melancólicos ojos, chupado de mejillas y puntiagudo de barba. Bien puede Lope zaherirme, dando mal aliento a mi boca, y haciéndome rana en la voz y en la figura.

Culpa a aquel que, de su alma

olvidando los defetos,
graceja con apodar
lo que otro tiene en el cuerpo...

Figueroa   El señor don Lope...

Alarcón   Causa fue y motivo de las desdichas de Cervantes.
                    ¿Pero qué pudo su consorcio con la Inquisición y con
                    Aliaga? Las naciones aprenderán el habla de Castilla
                    en el Quijote, para leer las obras inmortales de Lope
                    de Vega.

Figueroa   Cededle las fiestas y retirad vuestra comedia.

Alarcón   Nunca.

Figueroa   Es él el Fénix de los Ingenios.

Alarcón   ¡También yo soy poeta!

Figueroa   Noble es, y de vos se dice que si usáis la D de don, es
                    como la media figura de vuestro cuerpo; y pues dos
                    gibas tenéis, bien podríais usar dos DD o dos dones.
                    Veis que más bueno que vos, es el de Vega Carpio.

Alarcón   ¡Qué engañado pensamiento!
                    Solo consiste en obrar
                    como caballero, el serlo.
                    ¿Quién dio principio a las casas
                    nobles? Los ilustres hechos
                    de sus primeros autores.
                    Sin mirar sus nacimientos,
                    hazañas de hombres humildes
                    honraron sus herederos.

Luego en obrar mal o bien
está el ser malo o ser bueno.

Figueroa   Es él gloria de España, y vos indiano.

Alarcón   Sí, indiano. Miré la luz primera en la hermosa ciudad que llaman México. Puso el cielo para cubrirla, purísimo dosel azul sin nubes, que en las tranquilas y perfumadas noches, atavíase de astros resplandecientes, que asemejan lluvia de diamantes sobre manto real. Cércanla lagunas de refrescadoras aguas que se galardonan con sus islas movedizas de flores, que más creyéranse cestos del paraíso, según aparecen, va de color vergonzoso cubiertas de rosas, ya de subido rojo sembradas de amapolas. Templos y palacios levántanse en ella desafiando los más bellos palacios y catedrales. Mora en su universidad tanta ciencia como en las salmantina y complutense. En ella comencé mi vida estudiantesca; en ella recibí la abogacía. En aquella santa tierra, la musa mis primeras comedias inspiróme. Es noble hija de España, y nobles son sus hijos. En el valle en que se aduerme, como infante en bellísima cuna, se oyeron los cantares de 'Netzahualcóyotl, y le parecían a Cuauhtémoc las ardientes brasas lecho de rosas. Apodadme indiano. ¡Si ser hijo de México me parece ya gloria bastante! Allí las fiestas, bailes, representaciones y farsas de devoción, han formado escuela tan gallarda y tan robusta, que producirá en nuestros corrales de España autos sacramentales que pasmarán a las musas. De allí traje el amor al teatro y sus enseñanzas. Negadme el título de poeta: México me aclamará su primer autor dramático.

Figueroa   Si me parecéis vanidoso, y sobre vanidoso, villano.

Alarcón	Mofaos de mis comedias y de mis corcovas, que vuestras mofas, más que ira, desprecio me producen; pero en llamarme villano reportaos.
Figueroa	Si no sé para qué en la cinta lleváis espada.
Alarcón	(Desenvainando.) Para azotaros la maldiciente lengua.
Figueroa	Va a sangraros la giba, por haceros bien y buena obra, la espada de Figueroa.
Alarcón	¡Ah!, ¿sois vos? (Riñen.) Me parece que sois tan impotente de lengua como de mano.

Escena VII

(Dichos y Jerónima, que al entrar ve la riña, y se precipita cubriendo a Alarcón.)

Jerónima	¡Teneos!
Figueroa	¡Jerónima!
Jerónima	¡Don Juan!
Figueroa	¿Para qué le cubres con tu pecho, si bastante coraza es su corcova? ¿Le quieres tanto?
Jerónima	¡Con el alma le adoro!
Figueroa	Nos veremos después, señor Mendoza.

(Se va.)

Escena VIII

Alarcón, Jerónima.

Jerónima ¿Querían mataros? ¡Apagar pretendían la luz de mis ojos y el astro de la escena española! ¿Qué no saben los hombres que yo con el ánima y con el corazón os quiero? ¿Ignorar pudieran acaso que el autor de La verdad sospechosa es inmortal, pues matar necios pretenden a quien tiene vida mientras dure sonora y poderosa el habla de Garcilaso? Tiniebla es la envidia, y de su antro quiere alzarse gigante para apagar los fuegos del Sol esplendoroso. El Sol, asomándose por las puertas de oro del oriente, disipará las nieblas con su primera mirada de luz y de amor. Sí, porque luz es amor. Para mí tú fuiste luz que las oscuridades de mi alma despejara. Para mí tú fuiste amor que alumbrara mi espíritu, que dormía en mi cerebro el sueño de la noche, esperando que el Sol de mi vida se levantara acrisolado en el vivo fuego de la mansión celeste. Yo te presentí, y los cristales de mis ojos con llanto tiernísimo se mojaron, así como la tierra, antes que el Sol se levante, llora con lágrimas de rocío. Vi que te acercabas, y cubrióse mi frente de castísimo rubor, como a la aproximación del astro rey, se envuelve el cielo con el velo purpurino de la aurora. Y cuando a mí llegaste, abriéndote paso con la gallardía de tu ingenio entre la valiosa multitud de sutiles y felices poetas, como el Sol que sube escalando montañas y rompiendo nubes, sentí que en todo mi ser se hacían la luz y el día, y murmuraban en mi alma como cantos de arroyos Y aleteos de palomas, y esparcíanse en ella como perfumes de rosas y azucenas; y todo ese inmenso concierto que al amanecer canta la tierra con sus ríos bullidores, con sus mugientes mares, con el susurrar de los insectos, y con el rugir de los leones, con el dulcísimo silbo de las auras entre las hojas de los árboles, y con el ronco y fragoroso estruendo de la despeñada catarata; todo, todo en mí lo sentía. Era que la claridad se hacía en el cielo, y el amor en mi alma. ¡El Sol alumbró, y yo te amé!

Alarcón   Jerónima, al oírte, siento inquieta y desapoderada mi inspiración, y mi labio enmudece, que es la boca puerta estrecha y pequeña para el inconmensurable torrente de amor que de mi pecho se desborda.

Jerónima   ¿Qué era yo en la vida antes de mirarte? Cuerpo sin alma, mar sin vientos, noche sin estrellas. Te vi y el abismo de su profundidad se levantó montaña. Supo el corazón por qué palpitaba. El alma conoció que los ojos le servían de ventanas para asomarse a mirarte. La lengua no quedó como inútil bronce de un campanario de catedral abandonada. La boca te habló amores, y conocí lo hermoso que es hablar. ¡Qué feliz era yo, pues tenía manos con que acariciar tu frente, un seno en que reposaras tu cabeza llena de pensamientos, ojos para mirarme en los tuyos, labios para oprimir tus labios en deliquio de amores, y arrobamiento y éxtasis! Mi amor se manifestaba con risas de alegría. ¡Si parecía yo loca! Mira cómo río. ¿Lo ves? Y otras veces desbordábase en llanto. ¿No miras cómo lloro? Juzgaba imposible llorar y reír al mismo tiempo. Y ya lo ves: río y lloro. Es la lluvia y el arco iris. Es que tengo en mi alma todos los esplendores de la creación. ¡Te amo! (Todo esto mezclando risas y gemidos.)

Alarcón	¡Bien haya el pecho varonil subyugado por la tiranía del amor! ¡Desgraciado el corazón enfangado en el abismo de la corrupción y la vileza, que no se abrasa en esta pasión origen y móvil de las empresas mayores, que endiosa al humilde y presta al débil voluntad, y en un punto nos llena de valor para resistir las contrariedades, y extiende su luz benefActora sobre la desgracia y la pobreza; que de los embarazos abre camino, y necesitando de todo, ni de palabras ha menester! Yo te llamaba en el mundo, para depositar a tus plantas mis coronas.
Jerónima	Yo te buscaba para ornarte con mis lauros.
Alarcón	Yo era pobre.
Jerónima	Yo, rica de pasión.
Alarcón	Por contrahecho me han motejado.
Jerónima	Por leer en tu frente la hermosura de tu alma, te he querido.
Alarcón	Me ha befado la envidia.
Jerónima	Venga la envidia a luchar en el tablado con don Juan Ruiz de Alarcón.
Alarcón	Me odiaban y me escarnecían.
Jerónima	Yo te amaba.
Alarcón	Yo vivía en la soledad.

Jerónima	Yo la llenaba con los suspiros que hacia ti dirigía.
Alarcón	Mis ojos buscaban otros ojos.
Jerónima	Los míos encontraron a los tuyos.
Alarcón	Mis brazos se tendían al espacio.
Jerónima	Y después me oprimieron contra tu seno.
Alarcón	Nuestros corazones palpitaban juntos.
Jerónima	Y parecían un solo corazón con un solo latir.
Alarcón	Me amabas con pasión.
Jerónima	Tú, con delirio.
Alarcón	¡Si no hay palabras con que expresar tanta dicha!
Jerónima	¡Sí, no las hay! (Pausa.)
Alarcón	Y te alejaste de mí.
Jerónima	Era preciso.
Alarcón	Huiste de los fuegos de mi amor.
Jerónima	Yo todo lo quería; pero no lo podía.
Alarcón	¿Cuál es este misterio?
Jerónima	No me lo preguntes: arcano es de mi vida.

Alarcón	Pero hoy vuelves a mis brazos.
Jerónima	Porque algo me dice que vengo a morir en ellos. Sirvieron de cuna de mis alegrías: que me sirvan de tumba. Mi primer suspiro de placer fue para ti. Tú recogerás el último de mi vida.
Alarcón	¡Cállate, impía!
Jerónima	Mi corazón lo presiente.
Alarcón	Callen tus palabras que me matan, y mírenme tus ojos que vida me dan.
Jerónima	¡Te amo!
Alarcón	¿Por qué lloran tus ojos?
Jerónima	¡Cuánto te adoro!
Alarcón	¿Por qué suspiras angustiada?
Jerónima	Es mi alma que sale a acariciarte.
Alarcón	¿Por qué me ves con esa mirada fija?
Jerónima	Es mi espíritu que sale por mis ojos, y por los tuyos se te entra hasta el alma. Silencio: no hay palabras para el éxtasis.
Alarcón	No las hay. (Pausa.)

Escena IX

(Dichos, Jusepa y Villamediana. Mientras están en un lado Jerónima y Alarcón, salen por el otro Jusepa y Villamediana.)

Villamediana   (A Jusepa.) Ingrata eres con los copleros.

Jusepa (Aparte.)   ¡Jerónima con don Juan!

Jerónima   (A Alarcón.) Parece que del cielo salgo para volver a
                      la vida.

Alarcón   (A Jerónima.) Cielo antójaseme tu divino rostro.

Jusepa (Aparte.)   ¿Qué es esto, que celos escarban en mi corazón?

Villamediana   (A Jusepa.) Y si no, oye lo que en tu loa y sobre la base
                      de tu honra, cantan los truhanes:

                      Si a Morales el decoro
                      no guardara, por ser flaca,
                      su Vaca, casto tesoro,
                      quien es cabeza de vaca,
                      fuera cabeza de toro.

(Jusepa no hace caso de Villamediana, pues está atenta a los dos aman-
tes.)

Jerónima   (A Alarcón.) Y es imposible, sin embargo.

Alarcón   (A Jerónima.) Imposibles para el amor no existen.

| Villamediana | (A Jusepa.) Pues poca atención en mis palabras pones; por no serte a ti de gusto, ni a mí de provecho, para mejor ocasión las guardo. |

Escena X

(Dichos y Morales que sale por el fondo. Después la farándula.)

| Morales (Aparte.) | Jusepa no quita los ojos del poeta. Fuera de ver. (Alto.) Al ensayo, señores. |

(Jerónima, Alarcón y Jusepa se sorprenden a su voz. Sale el resto de cómicos.)

| Alarcón | Vamos, insigne autor. |

| Jusepa | Salve, laureado poeta. Un beso, Jerónima. |

| Jerónima | Me sabrá de cielos. (Se besan.) |

| Jerónima (Aparte.) | Empalagosa y remilgada está la autora. |

| Jusepa (Aparte.) | ¡Con qué placer la hubiera mordido! |

| Villamediana | Voy a engibarme en mi concha: parece que no me son bastantes dos talegas. (Se mete en la concha que está en el fondo del foro, con la boca para el público. Las dos damas y otra que no habla se sientan, y quedan de pie cinco o seis comediantes que tampoco hablan.) |

| Morales | Representa la decoración una sala en casa de don Beltrán. Salen por una puerta don García y un letrado viejo, vestidos de estudiantes y de camino. (Media pausa.) |

Villamediana	(Gritando desaforadamente y con voz gangosa.) Con bien vengas, hijo mío. Dame la mano, señor.
Morales	Todavía no.
Villamediana	¿Cómo vienes? -El calor del ardiente y seco...
Morales	Silencio, que no he acabado.
Villamediana	Como había parado el señor autor.
Morales	Para tomar aliento.
Villamediana	Sírvase de avisarme para otra vez, cuántos azumbres de alientos acostumbra a tomar.
Morales	Y por la otra don Beltrán y Tristán. (Pausa.) Hablad, señor apuntador, que he concluido, y no es que aliento tome.
Villamediana	(Gritando.) Con bien vengas...
Morales	Más bajo.
Villamediana	(Muy quedo.) Con bien...
Morales	Más alto.

Escena XI

(Dichos y Figueroa con unos corchetes.)

Figueroa	Ténganse a la Inquisición.
Villamediana	(Saliendo de su concha.) Chitón.
Morales	(Asustado.) ¿Qué manda el Santo Oficio?
Figueroa	Tenéis en vuestra tropa a una farsanta llamada Jerónima de Burgos.
Jerónima	Yo soy.
Figueroa	(A los alguaciles.) Llevadla.
Alarcón	(Interponiéndose.) ¡Ay de quien a tocarla se atreva!
Villamediana	(A Alarcón.) Mirad que la osadía no es valor, y que nada aventajaréis con oponeros. Tengo algún fraile poderoso por pariente y amigo, y os juro en mi ánima, que he de hacer cuanto pueda por Jerónima. Guardad la espada, que encargado quedo de con la suya propia azotar a ese deslenguado, pues por serlo más que yo le odio.
Jerónima	Vamos.
Figueroa	(Aparte a Jusepa.) La ama Alarcón, y me la llevo. Ya volveré a que me premies. (Aparte a Morales.) Tu mujer ama al poeta. (Aparte solo.) Seguro estoy de que ya no se representará La verdad sospechosa.
Alarcón	¡Si tiemblo de ira y de coraje!

Figueroa	Habéis perdido, señor poeta, hasta la ocasión de encontrar en una covacha del Consejo de Indias algún buen empleo.
Alarcón	Decidle a vuestro amo el señor Lope de Vega que si no consigo la covacha, ¡me vengaré yendo a ocupar un puesto junto a él en el templo de la inmortalidad!
Telón	

Acto II

La escena pasa en el tablado, poco antes de que comience la primera representación de *La verdad sospechosa*. Decoración adecuada. En el fondo el telón y la concha. Los farsantes con los trajes de la comedia.

Escena I

(Villamediana con el disfraz del primer Acto. Morales con el traje de don García.)

Villamediana   Lleno está ya el corral.

Morales   Faltarán aposentos, según el tropel de gente que acude a oír la pasmosa comedia que estrenamos. Siéntome orgulloso de ser el autor de título del príncipe, que vale mucho más que el Corral de la Cruz, pues éste cuenta únicamente siete puertas y el mío ocho, ya para subir a los aposentos, ya para el escenario y su servicio; cuál para entrada de mujeres, cuál para los hombres, pues sabéis que no pueden entrar ni asistir mezclados ambos sexos; puerta hay para la alojería, puerta para la taberna, y otra que es la del cocherón. ¡Y qué espaciosos y cómodos son los aposentos de mi coliseo, nombrados según sus dueños o aspecto, ahora Pastrana, Uceda, Aragón, Carpio o Almirante, ahora Esquina, Reja Grande, Coge-esto o Tablas! La Villa tiene principal aposento, por el cual apronta trescientos escudos anuales; y don Rodrigo Calderón paga cien ducados por una celosía. ¡Con razón rinde mi corral ocho mil pesos por año a los hospitales!

Villamediana   ¿Tanto producen estas farsas? ¿Cómo recaudas?

Morales	Como el corral debe cerrarse al anochecer, ábrese al mediodía. De doce a dos se reparten los aposentos y bancos entre las personas que por ellos envían, dando natural preferencia a los títulos, caballeros y sujetos principales. A real valían los cien bancos, y a doce los aposentos altos y bajos; pero ya subí los altos a diecisiete y los bajos a catorce. La entrada ha costado indistintamente cinco cuartos; mas ya se está arreglando que se satisfagan dos al autor en la primera puerta; tres en la segunda, al comisario de los hospitales de la Pasión, Soledad y Antón Martín; cuatro al subir las gradas; y siete cada mujer que entre a oír la comedia. Los alguaciles cuidan de que nadie se excuse de pagar, y de que no haya escándalos, alborotos ni descomposturas.
Villamediana	¿Recuerdas el escándalo que se armó contra el tirano corregidor don Pedro de Guzmán que, por público pregón, prohibió en el año 13 la concurrencia del sexo hermoso?
Morales	Recuérdolo, señor; pero triunfaron los hechizos y ruegos de las damas. Ahora la única gente de faldas que no se consiente es la frailesca.
Villamediana	Lo que te probará, insigne autor, que el mérito no consiste en las faldas, sino en los rostros; que faldas también llevan las viejas, y yo de mí sé decir que ni por hembras las tengo.
Morales	¿Pues por qué las tenéis?
Villamediana	Una vieja no es hombre ni mujer, es solamente vieja. A veces da en ser cosa peor.

Morales	¿Qué, señor conde?
Villamediana	Suegra.
Morales	Liberanos Domine. (Persignándose.)
Villamediana	Amen. (Pausa.)
Morales	Alegres andan los villanos, señor conde.
Villamediana	Como que la salud de Su Majestad les devuelve la calma y la ansiedad les arrebata. Por irme a reconciliar con la corte, para salvar a la Jerónima, fui testigo de la solemne procesión que hizo la villa con el cuerpo del santo labrador, para salvar la vida del monarca. Lleváronse las reliquias al monasterio de La Encarnación, y allí se dijo la primera misa después de la beatificación; y a las tres de la tarde, colocado el bendito cuerpo en una litera de raso carmesí y pasamanos de oro, con cuatro faroles a las esquinas, en que ardían gruesas hachas de blanca cera, partió la procesión para Casarrubios y yo con ella. Los pueblos encendían hogueras por los caminos, haciendo de la negra noche clarísimo día; y a las 24 horas, entrábamos el domingo 17 por la cámara real con las venerables reliquias, colocadas en su caja de terciopelo carmesí con un paño de brocado, y llevadas en hombros de sacerdotes. Cuando entramos, se incorporó Su Majestad con gran trabajo en el lecho, adoró al santo, pidió la cayada del venturoso labrador, la besó tiernamente, y no quiso que la procesión volviese a Madrid sin que él la acompañase vivo o muerto. Fue casi milagroso el alivio; y después de 18 días, ayer a 5 de diciembre, era recibido el cortejo del

santo labrador y del piadoso monarca por más de dos mil personas, que, con hachas encendidas y a caballo, habían salido en procesión de la corte.

Morales	¿Y vinisteis ya con la gracia de Su Majestad?

Villamediana   Y con la libertad de la Jerónima, que se está aderezando para venir a estrenar la comedia del indiano.

Morales   ¿Pues por qué entonces guardáis esas dos gibas que así os desfiguran lo gallardo del talle?

Villamediana   Deseo apuntar La verdad sospechosa, pero quiero que no lo sepa nunca el jorobeta. He comenzado protegiendo esta representación, y no soy hombre de dejar a medias mis empresas.

Morales   Si me lo permitís, señor conde, voy a ver cómo se adoban los rostros mis farsantes, y cómo están de trajes y presencia. Se acercan gentes, y no quiero que me interrumpan en faena tan importante.

(Se va.)

Villamediana   Ve, Juan.

Escena II

Villamediana, después Quevedo, Suárez de Figueroa, Montalbán, Mira de Amescua, Vélez de Guevara, Salas Barbedillo y Andrés de Claramonte.

Villamediana   Fatigado estoy del viaje, y de andar después a vuelta de covachas a tribunales y de alcaldes a inquisidores, hasta dar libertad a la Jerónima. Si pudiera descansar... un momento... Me cierra el sueño los pesados párpados... (Se duerme. Entran los poetas.)

Quevedo
¡Ja!, ¡ja!, ¡ja! Miradle: está dormido. Pues ni así ha de escapar a nuestras sátiras el vitoreado poeta.

Montalbán
Lástima grande es que a nuestro almuerzo haya faltado Villamediana. Sé de buena tinta que a la corte ha llegado con Su Majestad.

Mira
Cansado de ser impolítico, a político se ha metido.

Claramonte
(Moviendo a Villamediana.) Despertad, que aquí hay amigos que quieren hablaros.

Villamediana
(Sin descubrir el rostro.) Hablad cuanto queráis, pues tengo destapadas las orejas. ¡Si las orejas tuvieran párpados como los ojos, de buenas necedades se librarían!

Quevedo
Habéis de oír, mal vuestro grado, mi comento. Habéis dado por vuestros unos malos versos, y encargados estamos de castigar por tamaño delito al más delicioso de los autores dramáticos. Oídme, insigne don Juan:

Yo vi la segunda parte
de don Miguel de Venegas,
escrita por don Talegas
por una y por otra parte.
No tiene cosa con arte,
y así, no queda obligado
el señor Adelantado,
por carta tan singular,
sino a volverle a quitar

el dinero que le ha dado.

Todos   ¡Magnífico! ¡Ja!, ija!, ija!

(Villamediana ronca.)

Figueroa   ¡Diablo! Está roncando. Despiértele con una sátira el señor Mira de Amescua.

Mira   Me contento con decir que del poema del señor Alarcón, yo hice siete estancias.

Vélez   Y yo seis. Allá va mi espinela:
La dama que en los chapines
te esperaba en pie muy alta,
diga tu sobra o tu falta,
ioh, padre de matachines!
Porque por más que te empines,
camello enano con loba,
es de soplillo tu trova;
aunque son de Apolo hazañas
que todo un juego de cañas
te cupiese en la corcova.

Claramonte   ¡Admirable! Que siga Montalbán.

Montalbán   ¿Quién anda engañando bobas,
siendo rico de la mar?
Y ¿quién es en el lugar
nonada entre dos corcovas?
¿Quién trae el alma en alcobas,
y consigo propio trilla?
Corcovilla.

Todos	Corcovilla, corcovilla. ¡Ja!, ija!, ija!
Barbedillo	Que diga algo Claramonte.
Claramonte	Yo solamente sé aquello de: Tanto de córcova atrás y adelante, Alarcón, tienes, que saber es por demás, de dónde te corco-vienes, y adónde te corco-vas. A ver tú, Barbedillo.
Barbedillo	Pues vaya, en gracia de Dios: Según Calepino, estoy cierto que en latín limado, quiere decir, cor, ¿quo vado? Corazón, ¿adónde voy? Y aunque sátrapa no soy, interpreto que rigores de la muerte anunciadores, cuyos son corcova y años, al autor son desengaños y causa de sus temores.
Todos	Bien, bien, bien.
Villamediana	(Volviéndose.) ¿Habéis concluido, señores poetas?
Todos	¡Ja!, ija!, ija!,
Unos	No es don Juan.
Otros	Es otro don Talegas.

Mira	Llueven jorobetas.
Figueroa	¡Qué magnífico argumento para un sainete: los dos corcovados! Se hará; se hará.
Vélez	¿Quién sois, amigo mío? ¿Sois acaso la sombra de don Juan?
Villamediana	Soy el apuntador, insignes ingenios. Soy, como si dijéramos, el verdugo de las comedias. Temblad ante mí: sois mis víctimas.
Figueroa	Tiene gracia. ¿En dónde está el poeta?
Villamediana	¿Le vais a ensartar todas esas tonterías?
Quevedo	Sí, porque ha cometido un crimen de leso Parnaso. Porque no quiso o no tuvo tiempo, encargado de escribir un canto, repartió las estancias entre los poetas amigos, y resulta que solamente es suya la portada. Hemos almorzado juntos, y venimos a vapularle con nuestras bromas.
Villamediana	Cuidad, no tome la posteridad por veras vuestras burlas.
Quevedo	Burlas son, que no veras. Admiración, y no risas, cáusanos el indiano. El mismo Lope cantará su gloria en su Laurel de Apolo.
Villamediana	Pues si queréis verle, supóngole en los cuartos de los faranduleros, adiestrándolos y midiéndoles el azarcón y el albayalde.

Todos	Vamos, vamos.

(Se van, haciendo ruido, foro izquierda.)

Villamediana	Id con Dios, mordaces. Aunque ni en eso me lleváis la ventaja.

Escena III

(Villamediana y Alarcón, que entra por la derecha.)

Alarcón	Son mis amigos los poetas. Vamos a agasajarlos, que en honra mía vienen. (Hace movimiento de seguirlos, pero le detiene Villamediana.)
Villamediana	Esperad, glorioso vate, esperad. Mucha priesa lleváis, y no ponéis reparo en pasar de largo, sin preguntar a mi humildísima persona, ni la causa de mi ausencia, ni nuevas de la Jerónima. ¿Tanto puede la vanidad, que más que el amor puede?
Alarcón	Perdóname, Alcorcón: la gloria es Sol que ofusca y deslumbra, y no deja ver lo que nos rodea. Háblame de Jerónima. ¿La has visto? ¿Sabes en dónde se encuentra? ¿Le has hablado? ¿Te ha dicho algo para mí?
Villamediana	Calma, calma, enardecido amante. ¡Pues sois atento conmigo! Todo es preguntar por la Jerónima. ¿Alcorcón qué importa? No ha venido al tablado, porque tal vez se rompió un pie, o le dio tabardillo, o se descompuso una giba... pues que buen provecho halla... lo único que nos interesa es saber de la Jerónima. ¡Amor, qué egoísta eres! ¡Fueras desprecia-

ble si no te sintiéramos en el alma fuego sublime, y si siendo egoísmo no fueses al mismo tiempo sacrificio!

Alarcón   Verdad es: dime...

Villamediana   Pero os esperan los poetas... la gloria... los lauros...

Alarcón   Déjate de poetas y de glorias. Cuéntame...

Villamediana   ¿Lo que me ha pasado? ¡Qué bueno sois! Os interesáis tanto por mí, que todo lo dejáis por saber las cuitas del mal forjado Alcorcón.

Alarcón   ¿Pero me dirás algo de Jerónima?

Villamediana   ¡Ah!, ¡que por ella es por lo que olvidáis los lauros! Y con razón, pues la gloria es humo que el viento se lleva, y es el amor incendio capaz de abrasar en sus llamas a todo el universo. Oídme.

Alarcón   Impaciente escucho.

Villamediana   Cuando se llevaron a la Jerónima, os ofrecí emplear en su favor cierta influencia eclesiástica de un mi pariente. Anduve a salto de mata, y de aquí para allá, hasta conseguir verla. Logré al fin penetrar en su calabozo.

Alarcón   ¿Le hablaste?

Villamediana   Si a eso iba yo, ¿cómo no había de soltar la sin hueso? La encontré estudiando su papel de La verdad sospechosa.

Alarcón   ¡Jerónima!

Villamediana	Díjome que la acusaban de irreligiosa. Corrí a Burgos, y la autoridad eclesiástica certificó que jamás mujer más santa y más devota había residido en la ciudad. Fui a ver... es decir, hice que mi pariente fuera a ver al rey; y por fin anoche se le mandó poner en libertad. Toda la mañana he andado de trasiego para que la orden se cumpliese...
Alarcón	¿Y está libre?
Villamediana	Aquí la tenéis. (En ese momento aparece Jerónima por la izquierda, y se lanza a los brazos de Alarcón.)

Escena IV

Alarcón, Jerónima, Villamediana.

Jerónima	¡Don Juan!
Alarcón	¡Mi Jerónima!
Villamediana (Aparte.)	Mutis, señor apuntador, mutis. Decididamente el amor es egoísta; nada más que es el egoísmo de dos. Mutis, mutis.

(Se va por la izquierda.)

Escena V

(Jerónima y Alarcón. Jerónima siente un desfallecimiento, en el cual debe expresar a la vez su debilidad física y su grande emoción moral. Se apoya en la mesa, y se deja caer en el sillón.)

Jerónima	¡Ah! ¡Volver a la vida, para morir! ¡Tornarte a ver, para que se apague la luz de mis ojos! ¡Tenerte otra vez a mi lado, cuando ya siento que mi alma extiende sus alas para volar de este mundo!
Alarcón	Calla, calla; tú estás loca. ¿Cómo puedes decir eso, si es imposible?
Jerónima	¿Verdad que es muy triste?
Alarcón	Es muy triste: calla.
Jerónima	Niña, no conocí a mis padres. El látigo de un histrión acarició mi niñez. Entrada en la mitad de la corriente de la vida... ¡Ah!, no... no quiero recordarlo... es una infamia... infamia espantosa... Don Juan, arráncame de la frente la memoria... Recuerdos, sois como la losa del sepulcro... al levantaros, se siente fetidez... Déjame, Juan... ¿no sientes el ambiente de los muertos?...
Alarcón	Tranquilízate. Mírame a tu lado. Va a comenzar pronto la representación, y vamos a compartir vítores y lauros.
Jerónima	(Que después de su exaltación, muestra decaimiento.) Es verdad... es verdad... he venido a estrenar tu comedia... Cuando entré en el calabozo, la humedad y el miedo, los dos fríos del cuerpo y del alma, fueron como veneno para mi quebrantada salud... Desde entonces siento que me muero... Pero tenía yo una lámpara... apenas alumbraba... yo adivinaba tus versos... y los leía... y estudiaba... Sé muy bien mi papel... Lo voy a hacer muy bien... Vas a quedar contento...

Nos aplaudirán mucho... mucho... Y después... después...

Alarcón   Vamos a tu aposento; reposarás un instante. Verás cómo cobras fuerzas.

Jerónima   Vamos. (Ya que van a desaparecer por la izquierda, le dice a Alarcón con acento exaltado.) ¡Te amo!

(En el momento que van a salir, aparecen por el fondo izquierda Jusepa y Figueroa: ambos se sorprenden de verlos, oyen las últimas palabras y se adelantan al proscenio.)

Escena VI

Jusepa, Figueroa.

Figueroa   (Con asombro.) ¡Jerónima aquí!

Jusepa   (Con cólera.) ¿De qué habéis servido entonces? ¿Para qué sirve la Inquisición? ¿Para qué el señor don Lope de Vega?

Figueroa   Si no comprendo...

Jusepa   ¡Y yo os he dado mi amor!, ¡yo he engañado a mi marido por vos! Solamente las consideraciones de ser mujer tienen y atan las manos de mi justo enojo. Y vendrá la bachillera a quitarme el papel en el día del estreno... La aplaudirán, y con los aplausos aumentará el amor del indiano... No, no... quitaos de mi presencia, Figueroa, que dicen que el amor todo lo puede, y vuestro amor no sirve para nada.

Figueroa	Estoy buscando un recurso que todo lo remedie.
Jusepa	¡Pues no es mentecato el poeta! Beber los vientos por una dama entecada que tiene voz de chirimía, y que suspira como fuelle de órgano. Y luego, si inclinado de su estrella, hubiese caído preso en los encantos de una joven virtuosa y honesta... Pero la Jerónima es una buscona. ¿Ni qué otra cosa podía ser? ¿Quién ignora sus aventuras con el señor Lope de Vega? Bien lista que fue entonces La dama boba.
Figueroa	¡Eureka! Prométeme obediencia en todo. He encontrado el modo de que ambos seamos vengados. No cabe en mis mientes verla libre de las garras de la Inquisición. Pero yo le daré otro verdugo más terrible.
Jusepa	¿Cuál?
Figueroa	El mismo don Juan.
Jusepa	Explicadme...
Figueroa	Después. Ahora no hay tiempo que perder. Lo que importa es que en todo me obedezcas. Llama a don Juan, de parte de un caballero que le busca.
Jusepa	Voy. (Hace movimiento de irse.)
Figueroa	¿Pero, te vas sin que mis labios sellen en tu mano la paz de nuestra querella?

(Se vuelve, y al besarle Figueroa la mano, entran por la izquierda y lo ven Morales y Villamediana.)

Escena VII

Jusepa, Figueroa, Morales, Villamediana.

Villamediana   Recio besáis, señor doctor.

Morales   (Que hace movimiento de precipitarse.) ¡Ah!, ¿sois vos, señor de Figueroa? Respiro. Sé cuánta es vuestra severidad de costumbres, y estoy tranquilo.

Villamediana (Aparte.)   Es igual a todos los maridos.

Figueroa   Beso era de respeto, y de pláceme por el próximo triunfo.

Jusepa   Ni que otra cosa ser pudiera.

Morales   Jusepa sabe que si no por amor, por terror debe ser honesta. Que me falte, y la mato.

Villamediana   No sería ésa, virtud. A lo menos, júzgalo de tal suerte Góngora, en el siguiente soneto:

Si por virtud, Jusepa, no mancharas
el tálamo consorte del marido,
otra Porcia de Bruto hubieras sido,
que, sin comer, sus brasas retrataras.

Mas no es virtud el miedo en que reparas,
por la falta que encubre tu vestido;
pues yo sé que sin ella fueras Dido,
que a tu Siqueo en vida difamaras.

No llames castidad la que, forzada,

hipócrita, virtud se representa,
saliendo con su capa disfrazada.

Jusepa, no eres casta; que si alienta
contraria fuerza a tu virtud cansada,
es vicio la virtud cuando es violenta.

Por supuesto que son calumnias del de Argote.

Jusepa	Empalagoso estáis con vuestros sonetos, señor...
Villamediana	(Interrumpiéndola.) ¿Qué?
Jusepa	Alcorcón.
Figueroa	No sé cómo el señor Morales no os impide tales inso-lencias.
Morales	Como es el gracioso de la farándula...
Figueroa	Pues de mí sé, que si las repite en mi presencia, le arrancaré la lengua.
Villamediana	Cuidad la vuestra, señor doctor por Salamanca, que la necesitáis para decir necedades. ¡Ja!, ¡ja!, ¡ja!

(Se va riendo, Jusepa saluda y se va por distinto bastidor, pero ambos por la izquierda.)

Escena VIII

Figueroa, Morales.

Figueroa	(Que ha estado un momento pensativo, como buscando una idea.) Morales, hacéis bien en confiar en mí; pero desconfiad de algún otro.
Morales	¿De quién? Explicaos.
Figueroa	Corcovado es el poeta; pero nadie ignora que tiene gran partido con las damas.
Morales	Me hacéis sospechar. ¿Por qué me trajo su comedia, y no la llevó al Corral de la Cruz?
Figueroa	Por acercarse a Jusepa, sin que en ello paraseis la atención.
Morales	Y cierto es que Jusepa tuvo gran empeño en que se representase, y en que la prefiriera yo a otras muchas y muy buenas que me ofrecían.
Figueroa	Todo el mundo ha reparado en ello.
Morales	Pues yo alejaré al poeta, aun cuando no deba dar otra vez su comedia. Pero permitidme que vaya a ver que alimenten bien de manteca los mecheros, que ya se va llenando el corral, y se acerca el momento de la representación.

(Se va por la derecha.)

Figueroa	Ve en paz, marido celoso; que tú, sin saberlo, me ayudarás a triunfar.

Escena IX

Alarcón, Figueroa.

Alarcón (Al ver a Figueroa se detiene, y echa mano al puño de la espada.) ¡Ah!, ¿sois vos quien viene en mi busca? ¡Vive Dios!, que de ello me huelgo, pues sin descanso os he buscado para mataros. Salgamos.

Figueroa Ved que se va a comenzar vuestra comedia.

Alarcón La honra es lo primero, señor doctor.

Figueroa Primero es la razón, señor licenciado; y es necesario que me oigáis un momento. Con las lenguas se entienden los hombres.

Alarcón Entendámonos con las lenguas de acero de nuestras espadas.

Figueroa Después, si insistís: os lo prometo. Pero antes escuchadme.

Alarcón Sed breve.

Figueroa No os oculto que, por amor al señor Lope de Vega, he hecho la guerra a vuestra comedia.

Alarcón Eso no me ofende. Jamás me ha ofendido la envidia, que rastrera de por sí es, y andando por el suelo, no puede alcanzarme.

Figueroa Creí que prendiendo a la Jerónima, no tendría lugar la representación...

Alarcón Ésa es la injuria: habéis ultrajado a la mujer que amo.

Figueroa	No pensé que fuera para vos caso de honra, el amor de una farsanta, que al fin no es más que vuestra...
Alarcón	(Interrumpiendo.) Callad esa palabra. Así sois vosotros los infames, y sobre infames calumniadores: sois muy pequeños, y no podéis comprender, ni la pureza de una comedianta, ni el amor de un poeta. Creéis que una farándula es un cesto de vicios. ¿Y cómo no lo ha de ser, si venís todos vosotros a infestarla! Tenéis constantemente bajo vuestras narices el aliento mefítico de vuestras bocas, y es imposible que percibáis el puro aroma de los azahares que por ventura puede haber en un corral. ¡Cómicos!, decís: luego vicio. ¡Farsantes!, gente de vida alegre. Y yo digo: ¡Farándula!, misterio de sacrificios, abismo de lágrimas. Con las estúpidas carcajadas de vosotros los que venís a reír con los comediantes, se podría formar un huracán que barriera el mundo. ¡Con el llanto que vierten en silencio los que os hacen reír, se podría hacer un océano que inundara toda la tierra! Los comediantes son la realidad, porque ellos, como la realidad, son el dolor. Vosotros sois la farsa, con vuestras galas y golillas, con vuestros agigantados y holandescos canjilones, y vuestros cerebros almidonados con estúpida vanidad: esclavos siempre, en vuestro cuerpo por no ajar vuestras golillas; en vuestra alma, por no ajar vuestro orgullo. ¡Hablad ahora del genio de la escena, farsantes silbados!
Figueroa	Perdón os pido; pero como las antiguas costumbres de la Jerónima...
Alarcón	¿Qué decís?

Figueroa	Para nadie es un misterio que tuvo deslices con el señor Lope de Vega.
Alarcón	¿Con él?
Figueroa	Hacia el año 13 le abrió en Segovia su cámara en las altas horas de la noche.
Alarcón	¡Si es imposible!
Figueroa	Preguntadlo: nadie lo ignora; nadie me desmentirá. ¿Y ahora creéis justo el reñir?
Alarcón	Si es una calumnia, ¡os mato!
Figueroa	Me encontraríais a vuestras órdenes. (Yéndose por la izquierda; aparte.) Agreguemos al oprobio el escándalo. Hagamos venir, en primer lugar, a la Jerónima.

Escena X

(Alarcón, solo. Se cruza de brazos, y fija la vista en el suelo.)

Alarcón	Amor... sueño... Virtud... mentira... Gloria... palabra que arrebata el viento... Inmortalidad... ¡festín de gusanos en el ataúd de un cadáver! ¿No hay, pues, nada en la tierra? ¿Es engaño el Sol que alumbra nuestros ojos? ¿Es burla la pasión que arde en el alma? ¿La pluma del poeta no es pluma de ala para volar al firmamento? ¿La espada del caballero es fierro inútil o criminal instrumento de venganza? ¿Sirven tan solo

las manos para asesinar, y el corazón para que nos asesinen?

Huir del mundo... sí... ¿Entrar en un claustro?... ¿Para qué?... Entraría en el claustro con mi corazón... con este reptil que vive enroscado, aquí, dentro de mi pecho... y que por las venas hace cundir su venenosa baba... Sin corazón no es posible la vida... ¿Y acaso es posible la vida, teniendo corazón?

Corazón, corazón mío, yo te creí perla encerrada en las dos conchas de mis jorobas... iy eres ridículo e infamia por dentro, como por fuera son mis jorobas ridículo e infamia!

(No acoto este monólogo: el talento del Actor lo detallará.)

Escena XI

(Alarcón y Jerónima. Alarcón ha quedado pensativo y sombrío. Jerónima entra cariñosa, aunque presa de la melancolía de su enfermedad. Viene ya en traje de carácter para la comedia.)

Jerónima   Mi don Juan, ¿me llamabas?

Alarcón   Señora...

Jerónima   ¿Qué tienes? Severo está tu rostro: fría tu mirada como hoja de puñal.

Alarcón   Sentaos, señora. Quiero consultar vuestro parecer sobre asunto tan grave que pudiera en ello irme el ánima y la vida.

(Se sienta Jerónima. Alarcón de pie.)

Jerónima	Te escucho.
Alarcón	Cuéntase que no ha muchos años había una joven comedianta vencida por las fuerzas poderosas de amor; de amor, digo, inconsiderado, presuroso y lascivo y mal intencionado, capaz de atropellar designios buenos, intentos castos y proposiciones discretas. Era la dama algo atrevida, y algún tanto libre y descompuesta. Parece que, cansada de llevar la nave de su ventura con próspero viento por el mar de la vida humana, quiso que diese en un bajío que la destrozase toda. Y dícese que una noche oyó infames coloquios de un gran señor y gran poeta; y en vez de que tales pláticas hicieran brotar indignación a raudales en su pecho, alzó una gran risa... y desenvuelta... y cortesana impúdica... no levantó a la siguiente mañana su frente de azucenas... que ocultaba a la luz entre almohadones su rostro mancillado. ¿Sabéis esa historia, señora?
Jerónima	No te comprendo... no quiero comprenderte.
Alarcón	Más tarde, viola en una alborada de primavera un hombre feo de cuerpo...
Jerónima	Hermoso de corazón.
Alarcón	Parecíale ver salir el Sol, tan alegre y regocijado, barriendo el cielo de las estrellas y bordando las nubes con diversos colores, que no se podía ofrecer otra cosa más alegre y más hermosa a la vista.
Jerónima	¡Ah!

Alarcón	Crédulo era aquel hombre como el amor; ciego como él; niño como él. Con loca adoración se entregó a aquel ángel; pues ángel, no mujer, se le antojaba. ¿Y cómo pagó ella tanto cariño? Le engañó.
Jerónima	No.
Alarcón	Sí, miserablemente. Decidme, señora, ¿sabéis quién es la comedianta que abrió las puertas de su cámara y de su honor al señor Lope de Vega?
Jerónima	Yo: mátame.
Alarcón	¿Mataros?... no... Las venganzas castigan, pero no quitan las culpas. ¿Y conocéis, señora, al hombre engañado, con engaño tal, que creyó cielo el infierno y luz las tinieblas?
Jerónima	¡Por Dios!... ¡Óyeme!
Alarcón	Si habéis sido, como farsanta del tablado, farsanta del amor.
Jerónima	(Poniéndose de pie.) Óyeme, te digo. Y después, si mi sangre puede limpiar tu mancha, tómala, que es tuya toda.
Alarcón	Hablad.

(Media pausa.)

Jerónima	(Con tristeza y decisión.) Gloria de los corrales, encanto de los mosquetes, mirábame aplaudida y vitoreada. El peso de mis coronas había levantado mi frente. Ya

no podían abajarse mis ojos. Yo necesitaba amar a un rey, a un Actor o a un poeta. Encontré en mi camino mi perdición. Lascivia en vez de amor. Engaños en lugar de la fe prometida. Vanidad en cambio del misterio de un santo cariño. Como severo juez que condena a muerte al criminal, maté yo mi alma, maté mi corazón. Juré vivir atada al arte, como presidiario a su cadena. La muerta te vio un día, y se animaron de nuevo mi corazón y mi alma. Solamente un Dios puede dar otra vez la vida al cuerpo que se pudre en el sepulcro; y tu mirada, como la de Dios, dijo a mi vida muerta: «levántate y ama». Mi corazón que ya no sonaba sino con el pausado palpitar del toque de difuntos, se movía precipitadamente en mi pecho como repique de alegría. Mi alma despertaba de su sueño, y olvidaba lo pasado, como se olvida una espantosa pesadilla. Parecióme que por primera vez existía. Yo era tinieblas; pero tú eras luz tan inmensa, que mis tinieblas también alumbraron. Parecióme mi alma blanca paloma, porque era tu alma pura la que en mí veía. Parecióme el sonar de mi corazón risa inocente de niño, porque era tu corazón sin mancha el que yo oía en mi pecho. A fuerza de mirarme en los límpidos cristales de tus ojos, me vi blanca y pura... ¡y te amé con delirio!

(Pausa.)

Alarcón   Sigue.

Jerónima   Un día oí decir que te casabas con tu prima doña Ana Bobadilla... y sentí celos... celos horribles... Fueron el cauterio que me despertó de mi letargo... Iba a gritar con gemidos de quejas... y comprendí que ni quejarme podía... La mujer manchada es raso que no sirve ya para aderezarse... Y te huí... ¡Desgraciada de mí!... No pude llevarme ni mi alma ni mi corazón... junto a ti se quedaron... ¿No sentías a veces a tu lado como suspiros y aleteos?

(Pausa.)

Alarcón   Sigue.

Jerónima   Se representó tu divina comedia Las paredes oyen; vine a verla. Aquél fue mi castigo. Tú eras don Juan; doña Ana, tu prima. Salí desesperada... llorando... loca... y no te había vuelto a ver jamás... Mi cuerpo, que era la infamia, estaba lejos de ti... ¿Qué más podía yo hacer? ¿Por qué me hiciste venir? ¿Por qué?
Hoy siento ya que la muerte se acerca... Tú me matas: gracias... Al fin volaré libre a otras regiones... gracias... gracias...

(Se deja caer en el sillón. Alarcón se le acerca. En ese momento aparecen los poetas y comediantes.)

Alarcón   ¡Jerónima!

Escena XII

(Dichos y Figueroa que sale con los poetas. Después Morales, Jusepa, los comediantes y Villamediana.)

Quevedo   ¿En dónde está el poeta?

Alarcón   (Separándose de Jerónima y fingiendo alegría.) Señores... muy agradecido... a que vengáis... por aquí...

Montalbán	Pero algo os pasa, don Juan: estáis cadavérico.
Mira	Contadnos.
Barbedillo	Somos vuestros amigos.
Claramonte	Si de algo servimos...
Vélez	Disponed de nosotros.
Figueroa	Pálido está nuestro querido don Juan de verse engañado de una vil aventura.
Jerónima (Aparte.)	Me siento morir.
Alarcón	¡Callad por los cielos!
Figueroa	No: quien os ha engañado, merece no solamente vuestro desprecio, sino el de todos los que os queremos.
Jerónima	(Poniéndose de pie, con altivez a Figueroa.) ¡Infame!
Quevedo	¿Es ella?
Barbedillo	¡La Jerónima!
Montalbán	No es la primera zorra que desuella.
Mira	¿Qué dirá Lope?
Vélez	Al fin mujer.
Claramonte	Y comedianta.

Alarcón (Aparte.)   Me mata la vergüenza.

Jerónima (Aparte.)   El dolor me asesina.

Morales   (Entrando por la derecha.) Despejad: el corral está lleno; el público se impacienta; oídle: va a comenzar la representación.

(Se oyen dentro ruido y palmadas.)

Jusepa   (Que entra por la izquierda con los comediantes.) Antes, mi señor esposo, lanzad a esta mujerzuela que provoca escándalos en el corral.

(Los poetas se han acercado a Alarcón, como consolándole.)

Jerónima   (Que se pone de pie y vuelve a caer en el sillón.) ¡Mujer cruel!

Morales   ¡Despejad! ¡Se hace tarde! (Se oyen aplausos.)

Jerónima   (Quiere andar y no puede.) Por piedad...

Figueroa   (Con burla.) ¿No hay un caballero que dé el brazo a esta casta doncella?

Alarcón   (Adelantándose.) Yo.

Jusepa   Podíais tener un disgusto con el señor Lope de Vega.

Alarcón   (Retrocediendo.) ¡Oh!

Villamediana   (Entrando.) Dadme el brazo, señora.

Montalbán	El otro...
Figueroa	El apuntador...
Mira	El gracioso...
Vélez	Sin gracia...
Quevedo	¡Un hombre noble!
Todos los poetas, menos, Figueroa	Es verdad.
Alarcón (Aparte.)	Más noble que yo.
Jusepa (Aparte.)	¡Oh, rabia!
Figueroa	(Con ira.) Bien por vos, que protegéis a la farsanta hundida en el fango de torpes liviandades.
Villamediana	No: a la mujer caída, que se redime y levanta a los cielos, por el amor: ¡a la grandeza de la debilidad!

(Todos se hacen a un lado. Alarcón deja caer la frente. Jerónima se va con Villamediana, dirigiéndole una mirada. Se oyen fuera aplausos y ruido.)

Telón

Acto III

La misma decoración. Ha concluido la representación de *La verdad sospechosa*.

Escena I

(Todos los personajes rodean a Alarcón. Solamente falta Jerónima.)

Quevedo	¡Salve, portentoso ingenio venido del Anáhuac!, y que creyérase rico filón de aquellas nuevas y felices regiones, según es vuestra musa veta del oro de la moral, de la galanura del lenguaje y de la inspiración poética.
Morales	Jamás se pondrá en zancos en el Corral de la Cruz comedia tan levantada como la de vuesa señoría. ¡Pobre Pinedo! ¡Cómo la escuchaba, no con aquel contento que el público entusiasmado, sino con toda melancolía y tristeza!
Figueroa	Verdad es que la comedia tenía por guía y adalid a la hermosura, pues nunca Jusepa se ha presentado más bella y más galana.
Villamediana	Advierto que solamente el poeta está triste, y parece arrancársele el alma.
Alarcón	No: feliz me encuentro en este instante, que es la gloria pasto de grandes y esforzados pechos, y aliento de empresas poderosas. De ver es cómo el poeta sueña con su creación, la cual en el principio se dibuja en la inmensidad de su cerebro lejano punto negro; así como en la inmensidad de los mares, es nuncio de

la tormenta parda nubecilla que desde el horizonte quiere ya iluminar el cielo con luz de relámpagos. Idea y nubecilla vanse extendiendo, y toman forma y colores; y volando veloces con extensas alas, invaden la bóveda de la cabeza y la bóveda celeste. Surgen entonces incendios de luz y de fuego; se escuchan truenos espantosos y gritos de inmensa pasión; y el alma aterrorizada, pero dominada en el mismo punto por sublime recogimiento, mira con asombro que en el firmamento ruge una tempestad y en el teatro un drama. Dios contempla con satisfacción su drama. El poeta observa como en éxtasis su tempestad. Dios y el poeta han creado dos luchas titánicas, la desesperación de los elementos y el combate delirante de las pasiones. ¡El poeta es un Dios!

Morales

Juzgo, caballeros, que recibiréis gusto en catar algunas botellas jerezanas en honra del vitoreado autor. Preparado está espacioso aposento para ello.

Villamediana

Vayan vuesas mercedes a trocar su hambre en hartura y su sed en refrigerio, que comparados y contrapuestos los trabajos de esta vida con los ratos de holganza y de buena ventura, tengo para mí que no queda mucho por qué quejarse de la suerte.

Jusepa

Vamos, señores.

Todos

Vamos.

(Se van por la izquierda todos, menos Villamediana.)

Escena II

Villamediana, solo.

Villamediana ¡Así pasan las glorias del mundo! En este tablado, poco ha templo de la poesía y trono del genio, queda solamente el bufón mudándose en cortesano. (Se va quitando el disfraz.) Lejos de mí, oh tú, peluquín más áspero que el mismo doctor don Cristóbal Suárez de Figueroa. A la tumba. (Lo arroja en la concha.) A la tumba también vosotras, gafas tan grandes como las de Quevedo; pero que no habéis visto traspasar vuestros cristales por las miradas de su genio, como relámpagos que atraviesan el vidrio del éter. A la tumba vosotras, gibas espantosas, que no sois como las de Alarcón, estuche de un corazón magnánimo. Ahora tomemos mi sombrero, mi capa y mi espada que de antemano preparados tenía. (Se acerca al bastidor, los toma y se los pone.) He aquí al bufón convertido en cortesano; pues es tan fácil como cambiar a un cortesano en bufón. Bien es verdad que yo soy tan maldiciente, es decir, un cortesano bufón. Mentira parecerá que haya yo patrocinado el estreno de La verdad sospechosa, y acaso el poeta, que lo ignorará siempre, azote la losa de mi sepulcro con satírica espinela. Horrible es el castigo de los maldecidores, pues en su daño hablan mal hasta los hombres más dignos del premio del bien hablar. Vámonos. Pero ¿y la Jerónima? No puedo partir sin saber lo que de ella ha sucedido. Mas hacia aquí vienen Jusepa y Figueroa. Paréceme que traen enredo que debe convenirme el averiguar. Los autores de comedias siempre encuentran en este caso una puerta propicia para escuchar. El apuntador, más afortunado, se entra en su concha, para que a su vez los Actores le apunten la comedia.

El apuntador nació para que le oyeran. ¡Dichoso el día en que él tiene algo qué oír!

(Se entre en su concha.)

Escena III

Villamediana, Jusepa, Figueroa.

Jusepa   Pudiéramos ser observados...

Figueroa   No pares mientes en eso, que ocupados están todos en festejar al jorobeta.

Jusepa   Y ¿qué pretendéis?

Figueroa   Juraste ser mía, si conseguía yo que tú, y vio la Jerónima, representaras el papel de la comedia nueva.

Jusepa   Juramento loco fue; pero lo cumpliré leal. La envidia y la venganza ciegan y conducen precipitadamente al abismo ¿el delito, y después se exige el cumplimiento del crimen en nombre de la santidad del juramento y del honor de la palabra empeñada. ¡Santidad y honor cambiados en instrumentos de infamia y villanía! El ladrón busca la ganzúa; el asesino, el puñal; el calumniador, la mentira; el seductor, la falsedad; todos los delitos se nutren y viven con medios reprobados y deshonrosos; y la envidia y la venganza, más hipócritas y más infames, arrastran en pos de sí la honra y el juramento, agregando al crimen el escarnecimiento de la virtud, y la profanación de lo que es más santo y más sagrado. ¡Crímenes que vestís el ropaje del honor, y que sucio ponéis ese ropaje!

Villamediana (Aparte.)   Sábenme a indirectas las sesudas palabras de la farsanta.

Figueroa   Déjate ya de chismes y melindres, que sabido es que vosotras las comediantas no sois ricas de virtud sino en el hablar, y que así encendéis una lámpara en el altar a la Virgen, como una hoguera en el pecho al deseo.

Jusepa   Si habéis llegado a doctor para conocer tan mal el corazón de la mujer, bien podíais haberos ahorrado el trabajo de las aulas. En todo corazón de mujer hay siempre una palpitación para el amor; y amor, sacrificio y virtud son una misma cosa, un solo palpitar.

Villamediana (Aparte.)   Pensativo se ha quedado don Cristóbal. Ignoraba que el diablo sabe más que un doctor, y la mujer más que el mismo diablo.

Figueroa   Bien, no te exijo que me sigas. Quédate en la farándula con la Jerónima y con don Juan, que cuando haga con ella las paces, como es de costumbre se tornará más amoroso, y le escribirá comedias más galanas que la misma Verdad sospechosa. Quédate; que pudiera ser que el poeta, compadecido de ti, te reserve en alguna de sus obras, un papel chocarrero de dueña cincuentona.

Jusepa   ¡Ah!, no. Tenéis razón, y que os sobra. Ver a don Juan amarla con desprecio mío... mirarla aplaudida en comedias para ella escritas con la pluma del genio mojada en la tinta del amor... ¡nunca! Vámonos.

Figueroa	Espera. Si desde luego, y sin más hacer, nos marchamos, quedarán solos y a sus anchas el poeta y la comedianta: es necesario hacer algo que cause escándalo tal que el corcovado sea del corral para siempre despedido, aunque esto le traiga la desgracia lamentable de que dé en tierra con el suntuoso edificio de sus comedias, y no encuentre después autor que quiera ponérselas de anteojos al público de la coronada villa.
Jusepa	¿Y cómo?
Figueroa	Es necesario además, que en lo que de hacer hayamos, encontremos motivo para separarle por siempre de la Jerónima, y que si ya no sea él quien por sus antiguas debilidades la huya, sea ella quien se aleje por las nuevas del poeta.
Jusepa	No comprendo.
Villamediana (Aparte.)	Justo que a más de doctor es diablo Figueroa, y hasta ya pienso que pudiera tener algo de hembra.
Figueroa	Aquí tienes mesa, papel y tinta, que sirvieron en la comedia, y fueron parte para la gloria de don Juan: sirvan ahora para su perdición. Siéntate y escribe.
Jusepa	(Sentándose.) ¿A quién?
Figueroa	«A don Juan Ruiz de Alarcón y Mendoza.»
Jusepa	¿A él?
Figueroa	Sí.

Jusepa	Ya está.

Figueroa	Prosigue. (Jusepa escribe.) «Dueño mío, te espero en la habitación que amoroso preparaste para que pasáramos afortunada y feliz nuestra vida. Me he ido, aprovechando la bulla del corral, merced al refresco preparado por el tonto de mi marido, pues parece que de propósito ha dispuesto facilidades para nuestra fuga.»

Jusepa	¿Y para qué es esta carta? No comprendo.

Figueroa	Pues para que se la des a algún mancebo del corral, que no sepa leer por supuesto, con encargo de que se la entregue a tu marido. Él creerá que por equívoco se la dan y que ha descubierto un gran secreto. Gritará, lo sabrá la Jerónima, y arrojarán al jorobeta; del corral el autor, y de su pecho tu rival. Firma.

Villamediana (Aparte.)	¡Si el ojo de la Providencia no viese estas maldades! Muéveme a risa pensar que el conde de Villamediana está haciendo el papel de la Providencia.

Jusepa	Ya está firmada.

Figueroa	Manda el billete y espérame en una litera, que al efecto está lista en la callejuela. (Yéndose.) Voy.

Escena IV

Figueroa, Villamediana.

Villamediana	(Saliendo de la concha.) Ahora nos toca a nosotros, señor doctor.
Figueroa	¡El conde de Villamediana!
Villamediana	Silencio: mi nombre no debe sonar en corrales ni tablados. Pero ¿me haríais la merced de cambiarme vuestra espada?
Figueroa	¿Mi espada?
Villamediana	Sí, doctor; vuestra espada. Creed que no perderéis en el cambio; que es la mía riquísima hoja toledana de la fábrica de Tomás Avala. Mirad la marca de las dos tes con sus puntos encima, que semejan cruces.
Figueroa	No comprendo vuestro capricho; pero quiero satisfaceros el gusto.

(Cambian las espadas y envainan.)

Villamediana	Pues vais a saber, querido Figueroa, la razón de capricho tan singular.
Figueroa	Con curiosidad os escucho.
Villamediana	Anda por las calles y plazas de Madrid, y éntrase por salones y academias, un don Bellaco, que en lo presuntuoso le gana a Lope, en lo necio a Montalbán, y en lo maldiciente a mí mismo. Se duda si es lacayo de alguaciles o alguacil de lacayos; lo que sí sé deciros es que en estos momentos está de alguacil alguacilado. Por razones que a vos no se os alcanzan por ahora,

prometí azotarle con vuestra espada, y no se librará, por Dios, el don Bellaco.

Figueroa

¿Y quién es él? ¿Cómo se llama?

Villamediana

¿Pues ya no os lo tengo dicho? Llámase don Bellaco, y por mote le dicen el doctor don Cristóbal Suárez de Figueroa.

Figueroa

¡Señor conde!

Villamediana

Calma, señor doctor, que aún no comienzo; y desde ahora tened advertido que pienso zurraros de lo lindo.

Figueroa

¡Pero es ésta, traición y villanía!

Villamediana

No, mi querido don Bellaco: villanía es prender y conducir a la Inquisición a una infeliz mujer de quien ningún mal habéis recibido; villanía ha sido el deshonrarla ante su amante; villanía es el perder a la desgraciada Jusepa. Ésta, a lo menos. merecido lo tiene, y por eso he dejado que escriba y envíe la carta que ha de perderla. No me habléis, pues, de villanías, que a villano y bellaco no hay quien pueda ganaros; y esto me mueve, a mí, conde de Villamediana, a cruzar mi acero con vos, no para heriros como si fuerais caballero, sino para apalearos con vuestra propia espada.

Figueroa

(Alzando la voz.) Necesito saber...

Villamediana

No deis voces, que os tendré entonces por cobarde, pues los cobardes solo saben usar las maldicientes lenguas de sus malvadas bocas: los valientes callan, y hablan con lenguas de acero. Vamos, pues, que se acerca gente, y ya tengo prisa de escarmentaros.

Figueroa   Pero...

Villamediana   Id delante, o como a murciélago os ensarto. (Sale Figueroa.) ¡Qué trabajo cuesta hacer andar piernas miedosas!

Escena V

(Morales y Jerónima, que sale apoyada en su brazo. Un criado después.)

Jerónima   (Sentándose.) No puedo andar. Si lo hubiera podido, no habríase visto saeta más veloz que yo saliendo del corral. ¡Qué horas han pasado para mí, y cómo he derramado lágrimas en el encierro de mi aposento, mientras duró la representación! ¡Y yo sentí que el corazón se me saltaba del pecho, cuando al salir de mi prisión vi en las esquinas grandísimos cartelones, en que con letras rojas de almagro decía: «¡Juan Morales Medrano representa hoy la famosa comedia de don Juan Ruiz de Alarcón en el Príncipe!». ¡Más me hubiese valido que las letras de su nombre se hubieran escrito con la sangre de mis propias venas!

(Se oyen carcajadas dentro.)

Oídlos, Morales: en su loca algazara de mí se olvidan... ¡y yo siento morirme! Mal hice en rendirle mi corazón, fortaleza de diamante, donde tenía su voluntad cautiva en grillos de oro. Alarcón, ¿de qué te sirve la gloria, si es laurel entrelazado con la ortiga de la ingratitud? Era el mirarle como alegría del cielo; y no pudiendo reprimir el alborozo del alma enamorada, fiábalo al fuego de mis ojos y al arrullo de mis besos. ¡Ingrato, que dio vida a mi ser para darme hoy la muerte!

Dentro

¡Vítor, don Juan de Alarcón, por su comedia famosa de La verdad sospechosa!

Jerónima

Sacadme de aquí, Morales: sacadme, por la Virgen del Pilar.

Morales

Voy a mandaros preparar una silla de manos, y a buscar a Jusepa, que inquieto estoy de no verla.

Un criado

(Entrando.) Me encargaron que entregase a vuesa merced este billete.

Morales

¿A mí?, ¿quién?

Criado

Una dama encubierta, que si se ha de juzgar por lo diminuto del pie, lo torneado de la pierna que descubrió al entrar en la litera, y lo blando de la mano, debe ser de perlas.

Morales

(Abriendo la carta.) Veamos. (Se va el criado. Jerónima está cada vez más decaída, y pierde poco a poco las fuerzas de la vida.)

Morales

(Demudado.) ¡Cielo santo! ¡Y qué infamia me ha descubierto el error de ese hombre!

Jerónima

¿Qué os sucede?

(Se oyen nuevas carcajadas y gritos de alegría, oyéndose el nombre de Alarcón.)

Morales	¡Reíd, festejadle, vitoreadle! ¡Mal pergeñado poeta, ladrón de mi honra!
Jerónima	¿Qué decís?
Morales	Leed la carta que Jusepa le escribe. (Mientras sigue hablando Morales, Jusepa lee la carta y hace una escena muda en que manifiesta su dolorosa situación.) ¿Dónde estará? ¡Daría mi vida por saberlo! ¡Fuérala a matar! La mataría al encontrarla. ¡Sí, la mataré! ¿Os burláis, señores poetas, de los celos de Juan Morales? Yo haré también mi comedia; ¡pero la mía terminará con sangre!
Jerónima	(Después de una desgarradora aflicción, muestra en su semblante resignación sublime.) Gracias, Dios del cielo. Si él me engaña, nada le debo, y todo el amor que le tengo es como dádiva y merced que mi cariño pone a sus plantas.
Morales	(Fuera de sí, con voz sombría y llevando la mano al puñal.) ¡Ah!, el cielo me le envía. justicia me pide mi honra, ¡y tremenda justicia será hecha!

(Morales se para observando, y Jerónima se levanta con dificultad, pero con la violencia de la inquietud.)

Escena VI

(Jerónima, Morales, Alarcón. Alarcón atraviesa por el fondo, embozado en su capa y sin mirar. Morales se lanza sobre él puñal en mano. Jerónima se precipita y le detiene.)

Morales   ¿No ves que te engaña?

Jerónima   ¿No sabéis que le amo?

(Alarcón se ha vuelto, descubriéndose. Morales deja caer el puñal. Jerónima no puede sostenerse en pie y se apoya en Morales.)

Alarcón   ¡Jerónima! ¡Morales! ¿Porqué empuñabas el acero traidor? ¿Por qué tiemblas al mirarme?

Morales   Os quería matar... ¿Qué digo, os quería?... Lo quiero... Jerónima me detuvo... ¡Mal hayan los pechos enamorados que no saben de venganzas!

Alarcón   (Acercándose a Jerónima, que ha ido a apoyarse en la mesa.) Te he dado la muerte, ¿y con la vida me pagas?

Jerónima   (Con severidad, dándole la carta que toma de la mesa.) Leed, don Juan.

(Éste la toma y lee.)

Morales   ¡Sí, leed y decidme entonces si no es mía toda vuestra sangre! ¡Decidme si con Jusepa no ibais a reuniros!

Alarcón   (Con tranquilidad.) Huyendo del bullicio, pues estoy más para lágrimas que para risas, me retiraba a mi solitaria vivienda; y ni entiendo este billete, ni jamás de amores hablé con Jusepa. Huéleme a traición tu carta, pobre Morales.

Jerónima   (Irguiéndose.) Más me huelen a traición vuestras palabras. Fácil es decirle amores a un corazón desamorado, y ya muerto por la pena. Fácil es decirle a un alma: revive y ama. Y el alma resucita a una vida nueva, y parece que nace sin haber vivido jamás, y es pura, sí, pura como los ángeles del cielo; y como es niña otra vez, otra vez es confiada y se entrega, y otra vez la engañan iy la matan!

Alarcón   Pero tu falta...

Jerónima   Poetas, que no sabéis mirar más que el cuerpo, que no conocéis el amor del alma, que sois como los gusanos que dejan escapar el espíritu para alimentarse de la podredumbre del cadáver, ipor Dios, no os llaméis poetas: llamaos hombres! iNo es de vosotros la divinidad! (Se siente desfallecer; Alarcón va a sostenerla; ella se yergue, se adelanta a la silla y le dice.) iNo!

(Cae en la silla, y Alarcón a sus pies de rodillas.)

Alarcón   iJerónima!

Jerónima   Así... ila calumnia a los pies del martirio!

(Morales, cruzado de brazos, los contempla sombrío.)

Alarcón   iUna palabra, Jerónima: dime una sola palabra!

Jerónima   (Fuera de sí, y abrazándole el cuello.) iTe amo!

Escena VII

(Dichos, Jusepa dentro, después Villamediana.)

Morales   (Ve hacia los bastidores de la derecha.) iElla! iJusepa!

(Precipitadamente se baja, alza el puñal y con rostro iracundo, se dirige adentro. Por los bastidores de la derecha se oyen carcajadas de alegría y aplausos.)

Jusepa   (Dentro.) ¡Perdón!

Morales   (Dentro.) ¡Miserable!

Jusepa   (Dentro.) ¡Ay! (Lanza un grito de muerte.)

(Alarcón se levanta violentamente. Jerónima observa con espanto. Morales sale sin el puñal, lívido, con el rostro desencajado y erizado el cabello.)

Alarcón   ¿Qué has hecho?

Morales   Me he vengado.

Jerónima   ¡Infeliz Jusepa!

Villamediana   (Entrando con una espada en el cinto y otra desenvai-
                nada en la mano, y el rostro cubierto con antifaz.) He
                llegado tarde.

Morales   (Avanza a él y le dice con voz sombría.) ¿Quién sois?

Villamediana   (Aparte a Morales.) Soy Villamediana. Silencio. Que no
                sepan my nombre. (Alto.) Testigo fui de la infamia que
                Jusepa y su amante tramaron para perderos, don Juan.
                El amante, por envidia; Jusepa, por celos. Ardiendo en
                ira, y dejando lo de la carta para después, pues creía
                tener tiempo de llegar a punto de aclarar todo, cuidé-
                me de castigar antes al amante. Cambiamos espadas,
                y a la luz del farol que alumbra al Ecce Homo, comencé
                por arrancarle de las manos la mía, que huyó de ellas

veloz, por no tener costumbre de ser empuñada por villanos; y después con la suya le di de palos hasta ponerle más Ecce Homo que el alumbrado por el farol. Corro entonces en busca de Jusepa, que cansada tal vez de esperar, volvió en busca de su amante.

Morales
Y encontró al marido vengador. Señor, decidme el nombre de ese infame.

Villamediana
Sabes que no soy hombre de delatar a nadie, ¡jamás te lo diré! Guarda su espada, que te la dono, por ser propia para algún cobarde deslenguado, que tenga que hacer en entremés o comedia el bufón de tu farsa.

Morales
(Tomando la espada.) ¡Señor, decidme quién es!

Villamediana
Te he dicho que no.

Morales
(Yéndose por la derecha.) Yo lo sabré.

Escena VIII

Jerónima, Alarcón, Villamediana, después los poetas y los comediantes.

Alarcón
Gracias, señor; me habéis justificado.

Jerónima
Ya mi amor lo había hecho: pero siempre lo agradezco a este caballero.

Alarcón
¿Me podrá decir el de Santiago su nombre?

Villamediana
En ocultarle tengo empeño. Disfrazado de Alcorcón he tenido la honra de apuntar vuestra comedia.

Jerónima	¡Ah!, ¿sois vos? Noble debéis de ser, pues noble es vuestra alma.
Villamediana	Jamás me descubriré. Al portalón hay una litera en que podéis iros. Yo quedo aquí al cuidado de que entierren a la infeliz Jusepa, y de que no prendan al celoso Morales.
Jerónima	¡Oh!, gracias, gracias. (Levantándose.) Vamos, mi don Juan: ya no nos separaremos nunca... (Quiere andar, no puede, y vuelve a caer en el sillón.) Se nubla mi vista... Se me oprime el corazón... Don Juan, siento morirme...
Alarcón	Jerónima, no te acobardes... Apóyate en mi brazo.
Jerónima	(Levantándose y apoyándose.) Sí, vamos... la dicha, una felicidad infinita, eterna, nos espera. Vamos. (Cayendo en el sillón, dice desesperada.) ¡Pero si no puedo!
Villamediana	(Acercándose.) Lívida está su faz. Alarcón, esto es la muerte.
Alarcón	(Con angustia.) ¡Esto es que la he matado!
Jerónima	(Tendiéndole la mano.) Mi don Juan, no te alejes... quiero verte a mi lado... mirar tus ojos... sentir tu aliento... así... así... (Alarcón se ha arrodillado, y le toma Jerónima la cara con las manos.)
Villamediana (Aparte.)	¡Misterios del destino! Encuentra el amor el primer rayo de felicidad, luchando y apagándose entre las sombras de la muerte.

Alarcón	Alienta, mi Jerónima: inefable fortuna nos espera.
Jerónima	Me siento ya sin vida. (Se oyen carcajadas dentro.)
Villamediana	(Indignándose al oírlas.) ¡Oh!
Jerónima	(Comenzando a delirar.) Estaba a oscuras... y va miro la luz... Sí... allí veo a mi don Juan, coronado de gloria y de laureles... ¡a don Juan Ruiz de Alarcón y Mendoza!... Bátenle palmas en el corral los mosqueteros... Las damas con sus pañuelos desde sus aposentos le saludan... (Se va levantando, sostenido por Alarcón.) Los poetas le traen coronas de laurel... muchas... muchas coronas... Y él... para que yo repose... me forma blando lecho con los lauros de su gloria...
Villamediana	Valor, don Juan: es el dolor temple de almas grandes.
Jerónima	¡Cuánta luz!... ¡Cuánta luz!... Es el templo de la inmortalidad... Son sus columnas... no de mármol... sino de estrellas... Es su cúpula... no de bronce... sino de soles... En su frente... hay inscripción grandiosa... escrita con rayos de Luna... que dice... «Al autor de La verdad sospechosa... admirados... dos... mun... dos...»

(Cae muerta en brazos de Alarcón que se arrodilla. Entran los poetas y los comediantes.)

Barbedillo	¿Dónde está don Talegas, que nos ha abandonado?
Claramonte	¿Qué es de Corcovilla?
Quevedo	¿En dónde se es esconde don Juan?

Montalbán	Jorobeta.

(Todos, al observar lo que pasa, se detienen asombrados.)

Villamediana	(Descubriéndose.) Señores: allí yace Jusepa, muerta a puñaladas por su celoso marido; aquí acaba de expirar, de enfermedad de amores, la famosa comedianta Jerónima de Burgos, en los brazos del inmortal autor de La verdad sospechosa.

(Todos se descubren.)

Quevedo	(Arrodillándose.) Oremos por los muertos.

(Todos se arrodillan.)

Telón

Libros a la carta

A la carta es un servicio especializado para
empresas,
librerías,
bibliotecas,
editoriales
y centros de enseñanza;
y permite confeccionar libros que, por su formato y concepción, sirven a los propósitos más específicos de estas instituciones.

Las empresas nos encargan ediciones personalizadas para marketing editorial o para regalos institucionales. Y los interesados solicitan, a título personal, ediciones antiguas, o no disponibles en el mercado; y las acompañan con notas y comentarios críticos.

Las ediciones tienen como apoyo un libro de estilo con todo tipo de referencias sobre los criterios de tratamiento tipográfico aplicados a nuestros libros que puede ser consultado en Linkgua-ediciones:com.

Linkgua edita por encargo diferentes versiones de una misma obra con distintos tratamientos ortotipográficos (actualizaciones de carácter divulgativo de un clásico, o versiones estrictamente fieles a la edición original de referencia).

Este servicio de ediciones a la carta le permitirá, si usted se dedica a la enseñanza, tener una forma de hacer pública su interpretación de un texto y, sobre una versión digitalizada «base», usted podrá introducir interpretaciones del texto fuente. Es un tópico que los profesores denuncien en clase los desmanes de una edición, o vayan comentando errores de interpretación de un texto y esta es una solución útil a esa necesidad del mundo académico.

Asimismo publicamos de manera sistemática, en un mismo catálogo, tesis doctorales y actas de congresos académicos, que son distribuidas a través de nuestra Web.

El servicio de «libros a la carta» funciona de dos formas.

1. Tenemos un fondo de libros digitalizados que usted puede personalizar en tiradas de al menos cinco ejemplares. Estas personalizaciones pueden ser de todo tipo: añadir notas de clase para uso de un grupo de estu-

diantes, introducir logos corporativos para uso con fines de marketing empresarial, etc. etc.

2. Buscamos libros descatalogados de otras editoriales y los reeditamos en tiradas cortas a petición de un cliente.